Edición a cargo de Carmen Diana Dearden
Dirección de arte: Irene Savino

Primera edición en tapa dura, 2010

© 1999 Ediciones Ekaré

Av. Luis Roche, Edif. Banco del Libro, Altamira Sur. Caracas 1060, Venezuela
C/ Sant Agustí 6, bajos. 08012 Barcelona, España
www.ekare.com

ISBN 978-84-937767-1-8

Impreso en China por South China Printing Co. Ltd.

EL MOSQUITO ZUMBADOR

Verónica Uribe • Ilustrado por Gloria Calderón

Ediciones Ekaré

Hay luna llena, es noche clara.
Andrés y Juliana se han ido a acostar.

Brilla la luna, susurran las palmas...
Se escucha el rumor de la brisa lejana.
Todo está quieto, todo tranquilo...
¡Qué sueño!

De repente, en la noche clara,
se oye un zumbido que viene y va.
¿Qué es? ¿Qué será?

¡Uuuy!
¡Un mosquito zumbador!

Juliana se asusta, salta en la cama.
—¡Vete, mosquito! ¡Vete ya!
Pero el mosquito… ¡qué va!
Vuela, zumba y quiere picar.

—Aquí no nos podrá encontrar –dice Juliana.
Pero no es así. El mosquito encuentra un huequito…
y vuelve a zumbar.

—¡Mosquito, no molestes más!
Pero el mosquito… ¡qué va!
Vuela, zumba y quiere picar.

—Mosquito zumbador, ¡te voy a aplastar! –dice Andrés
y le lanza un zapato. ¡Plif, plaf!
Pero el mosquito… ¡qué va!
Vuela por aquí, vuela por allá,
nadie lo puede alcanzar.
Zumbando como loco
a Juliana se le mete en un ojo.
—¡Basta ya!

Entonces, Andrés y Juliana
salen por la ventana,
bajan por la hiedra,
corren por la grama.
Quieren escapar, corriendo van.
El mosquito no se queda atrás.
Vuela, zumba y quiere picar.

Entran a la selva,
vuelan de liana en liana.
¡Mono araguato, por favor!
¡Mata al mosquito zumbador!
Pero el mono araguato duerme
montado en su rama.
No oye a Juliana, no oye a Andrés.
No oye al mosquito...
¡qué sordo es!

Se arrastran
entre los pastos,
agachados, muy callados.
¡Culebra coral, por favor!
¡Mata al mosquito zumbador!
Pero la culebra coral duerme
enroscada en la mata.
No oye a Juliana, no oye a Andrés.
No oye al mosquito...
¡qué sorda es!

Nadan en el agua espesa
en medio del pantanal.
¡Caimán dientudo, por favor!
¡Mata al mosquito zumbador!
Pero el caimán ronca acostado en el barro.
No oye a Juliana, no oye a Andrés.
No oye al mosquito...
¡qué sordo es!

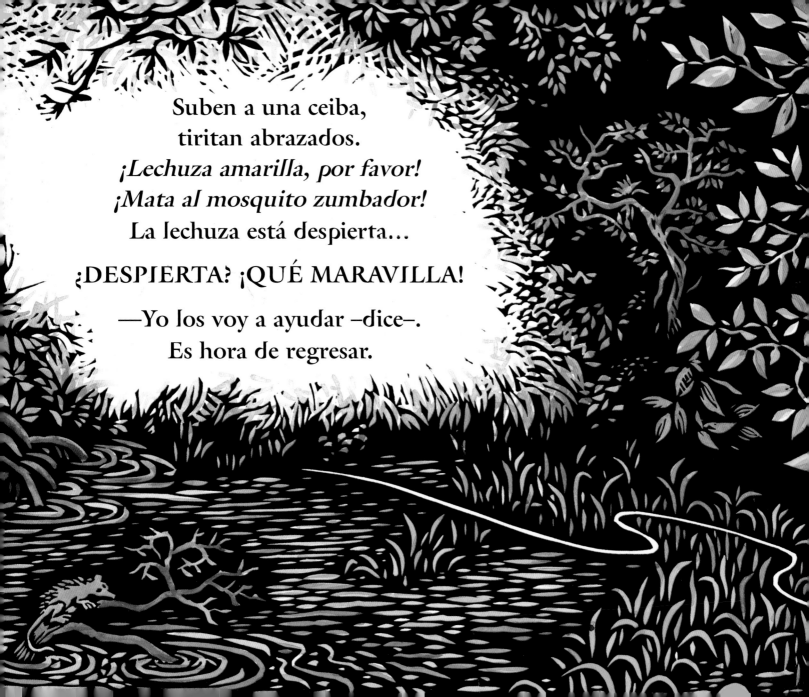

Suben a una ceiba,
tiritan abrazados.
¡Lechuza amarilla, por favor!
¡Mata al mosquito zumbador!
La lechuza está despierta...

¿DESPIERTA? ¡QUÉ MARAVILLA!

—Yo los voy a ayudar –dice–.
Es hora de regresar.

Por el cielo oscuro van, volando van.

—Adiós –dice la lechuza.
Y se pierde en la oscuridad.
En la ventana está el sapo trasnochado
con un ojo abierto y el otro cerrado.
Juliana pasa por la ventana,
Andrés pasa por la ventana,
pero cuando el mosquito quiere entrar...

¡Ay, mosquito zumbador! ¡Qué calamidad!
Ya no puedes volar, ya no puedes zumbar,
ya no puedes picar.

Ha llegado la hora de descansar.

zzzzzzzzzzzzzzzzzzzzz *

EL MOSQUITO FRANCÉS

Había una vez
un mosquito francés
que picaba al derecho
y picaba al revés.
¿Quieres que te lo cuente otra vez?

Había una vez
un mosquito francés
que picaba a Juliana
y picaba a Andrés.
¿Quieres que te lo cuente otra vez?

Había una vez
un mosquito francés
que picaba la cabeza
y picaba los pies.
¿Quieres que te lo cuente otra vez?

Había una vez
un mosquito francés
que murió al picar
a un señor inglés.
¿Quieres que te lo cuente otra vez?